L'AMANT SYLPHE,

OU

LA FÉERIE DE L'AMOUR,

COMÉDIE

EN TROIS ACTES,

EN PROSE, MÊLÉE D'ARIETTES,

Représentée devant LEURS MAJESTÉS à Fontainebleau, en 1783.

DE L'IMPRIMERIE

De P. R. C. BALLARD, feul Imprimeur pour la Mufique de la Chambre & Menus-Plaifirs du ROI, & Imprimeur de Monfeigneur & Madame la Comteffe D'ARTOIS.

M. DCC. LXXXIII.

Par exprès commandement de SA MAJESTÉ.

Les Paroles font de M. ***.

La Muſique eſt de M. MARTINI, Intendant de la Muſique de S. A. S. Monſeigneur le Prince DE CONDÉ.

Les Ballets font de la Compoſition de M. LAVAL, Maître des Ballets du Roi.

PERSONNAGES DANSANS.

ACTE SECOND.

GÉNIES.

Les D^{lles} NANINE, SIMON c.

Les D^{lles} Dorival c. Jacoto, S. Valery. Le Sr Slin.

SYLPHES ET SYLPHIDES.

Le Sr NIVELON. La D^{lle} DORIVAL.
La D^{lle} DORLÉ.
La D^{lle} DE LIGNY.

Les Srs Abraham, Leger, Siville.
Les D^{lles} Lafont, Prudhomme, Simon.

GNOMES.

Les Srs LAHAIX, CLERGET.

NAYADES.

La D^{lle} GERVAIS.

Les D^{lles} Bigotini, Puiſieux.

BERGERS ET BERGÈRES.

Le Sr VESTRIS. La D^{lle} DORIVAL.
Le Sr NIVELON. La D^{le} GERVAIS.
La D^{lle} DE LIGNY.

Les S^{rs} Doſſion, Laval fils, Giguet, Barré.
Les D^{lles} Siville, Thierry, Elisbert, Maſſon.

ACTE TROISIEME.

Les mêmes qu'au ſecond Acte.

ACTEURS.

LE COMTE DE VAL-MONT, *pere d'Elise ou de la Marquise.*	Le Sr Rosiere.
LA MARQUISE DE FLO-RICOURT, ou ELISE, *jeune veuve.*	La D^{lle} Colombe.
LE MARQUIS DE VER-SANGE, *amant de la Marquise.*	Le Sr Clairval.
JUSTINE, *suivante de la Marquise*	La D^{lle} Carline.
DUBOIS, *valet-de-chambre du Marquis.*	Le Sr Trial.
HILAIRE, *jardinier du Comte de Valmont.*	Le Sr Narbonne.
UN VALET.	Le Sr Favart.

TROUPES DE SYLPHES, DE NAYADES ET DE GNOMES.

L'AMANT

L'AMANT SYLPHE,

OU

LA FÉERIE DE L'AMOUR,

COMÉDIE.

ACTE PREMIER.

Le Théâtre représente un cabinet de jardin très-élégant. Hilaire y entre portant une harpe, il y arrange des livres de musique ; il y a une table dans l'appartement, sur laquelle on voit une corbeille de fleurs : il y a aussi plusieurs fauteuils.

SCENE PREMIERE.

HILAIRE, DUBOIS.

HILAIRE, *d'abord seul.*

ILs crient tous comme des enragés après moi ; Hilaire par-ci, Hilaire par-là. (*On entend plusieurs*

A

voix qui l'appellent.) Hé oui, j'y fuis, qu'eu chien d'train ! faut pourtant qu'j'acheve ma befogne.

A I R.

C'eft un ouvrage qu'il faut voir,
C'eft un bijoux, une merveille,
La réuffite eft fans pareille
Quand le cœur dicte le devoir ;
Là des myrthes, ici des rofes,
Là des jafmins, là des lilas,
Un peu plus loin mille autres chofes
Vous furprennent à chaque pas :
De fon jardin qu'j'entends vanter,
Un chacun prône l'élégance,
Comme ils viendront me confulter
Quand ils connoîtront ma fcience !

C'eft un ouvrage, &c.

J'fommes bien aife qu'ils arrivent, ce font d'fi braves maîtres ! & not'vieux Monfieur ! & not'jeune dame ! & puis ce p'tit biau jeune feigneur !.... M. de Verfange ; tatigué ! j'voyons bien d'quoi y r'tourne...... Queu travail ftapendant ils me baillent depuis quinze jours ! mais heureufement v'là qu'c'eft fait, & bien fait encore, j'm'en vante.

D U B O I S, *arrivant brufquement.*

Eft-ce que tu n'entends pas qu'on t'appelle à pleine gorge ?

HILAIRE.

Parguienne, fi j'vous entendons ben! me v'là;
j'y cours, qui eft-ce qui m'veut?

DUBOIS.

C'eft ton maître, c'eft le mien; mais les voilà.

SCENE II.

LE COMTE, LE MARQUIS, HILAIRE, DUBOIS.

LE MARQUIS. *Ce rôle doit être joué avec feu.*

Hé bien! Hilaire, tout eft-il fini? Les ouvriers
font-ils partis? As-tu conçu tout ce que je t'ai de-
mandé?

HILAIRE.

Oh! pardi, M. le Marquis, vous en difiais fi
long, vous en répétiais tant, & vous parliais fi
chaud, que d'abord je n'vous entendions pas; mais
quand vous vous êtes en r'tournez il y a quatre
jours, j'ons tant ruminé, tant tourné, tant viré,
qu'm'eft avis qu'vous ferez content: v'nais, v'nais
voir plutôt.

(*Le Marquis veut le fuivre, le Comte le retient.*)

A 2

LE COMTE, *au Marquis.*

Un inftant, vous aurez tout le temps d'examiner, caufons un peu. (*à Hilaire.*) Laiffe-nous, le Marquis ne tardera as à te fuivre.

HILAIRE, *en s'en allant, & regardant du coin de l'œil.*

J'ne nous trompons pas.

(*Il fort avec Dubois.*)

SCENE III.

LE COMTE, LE MARQUIS.

LE COMTE.

MON cher Marquis, vous conviendrez que fi ma fille vous tient rigueur, vous trouvez dans fon pere une foibleffe étrange; car enfin tout ce preftige, tout cet enchantement, toute cette magie que vous voulez faire jouer, ne peuvent qu'augmenter fon erreur, & je vois que vous employez des moyens qui doivent donner de la confiftance à fa chimere.

LE MARQUIS.

Ah! Monfieur, par pitié, rempliffez vos engagemens: hélas! qui plus que moi eft intéreffé à la ramener à la réalité? Vous m'avez promis fa main, fi j'obtiens fon cœur.

LE COMTE.

Je le fouhaite très-vivement, j'en conviens; mais elle eft veuve, libre, & ce Sylphe qui la préoccupe, eft un furieux obftacle à l'accompliffement de vos défirs.

LE MARQUIS.

Se peut-il qu'une telle erreur?...

LE COMTE.

Que voulez-vous? je l'avais mariée à Floricourt, homme âgé, froid, dédaigneux.

LE MARQUIS.

Qui n'a vécu qu'un an après fon mariage.

LE COMTE.

Et que fes affaires d'ailleurs ont conftamment tenu éloigné d'elle; il n'a eu que le nom de fon époux, & puis, fon caractere n'étoit pas fait pour lui donner une haute idée de notre fexe.

LE MARQUIS.

Mais elle ne le hait pas cependant, & j'en juge par cet être fantaftique qui eft devenu l'objet de fa fenfibilité....

LE COMTE.

C'eft ce dont je vous confeille de tirer parti;

A 3

mais ce que je vois de plus clair à tout cela, c'eſt que vous êtes auſſi exaltés l'un que l'autre, chacun à votre maniere : juſqu'à préſent qu'avez-vous fait? Où en eſt le Sylphe?

LE MARQUIS.

Le Sylphe en eſt encore aux ſimples entretiens nocturnes que la proximité de votre appartement au ſien m'a facilité ; & grace à la diſpoſition de votre château, & à votre extrême complaiſance, je vais la faire paſſer de ſurpriſe en ſurpriſe ; j'ai raſſemblé ici tout ce que les arts peuvent pro-duire de plus approchant de la Féerie.... Il me reſte encore une permiſſion à vous demander.

LE COMTE.

Qu'eſt-ce que c'eſt ?

LE MARQUIS.

Je dois joindre quelques préſens à mes préten-dus prodiges.....

LE COMTE.

Au terme où nous en ſommes, je n'y vois au-cun inconvénient, ſauf à les prendre ſur mon compte ſi nous ne réuſſiſſons pas. Vous voyez, mon cher Marquis, que mon amitié pour vous, & ma ten-dreſſe pour ma fille ne ſauroient aller plus loin, puiſque je me prête ſans reſtriction à la folie de l'un & de l'autre.

LE MARQUIS.

Ah ! ne nous blâmez pas , le feu qui anime Élife eſt ſi pur & ma paſſion pour elle eſt ſi vive !...

LE COMTE.

Ma fille n'eſt pas ſans mérite.

LE MARQUIS.

Sans mérite ! avec quelle froideur vous louez l'être le plus raviſſant qui ſoit au monde ! Mais vous êtes ſon pere.....

LE COMTE.

Voilà les amans.... Oui, vous commencez par mettre les femmes au-deſſus de ce qu'elles ſont, & vous finiſſez par les placer au-deſſous de ce qu'elles valent.

LE MARQUIS.

Je vois Élife telle qu'elle eſt....;. Mais ce départ que je dois feindre....

LE COMTE.

Lui paroîtra étrange.

LE MARQUIS.

Je déſire qu'elle s'en apperçoive ; mais quoi qu'il en ſoit, il faut abſolument que je me cache pour veiller à l'exécution de mes deſſeins.

SCENE IV.

LE COMTE, LE MARQUIS, JUSTINE.

JUSTINE, *avec vivacité*.

Messieurs, Messieurs, Madame congédie les bonnes gens qui sont venus lui rendre leurs hommages, elle va venir ; vous savez qu'il faut la laisser à elle-même, retirez-vous.

LE MARQUIS.

Sans doute, & je vais lui préparer la scene la plus agréable..... Toi, n'oublie pas ce dont nous sommes convenus.

JUSTINE.

Comptez sur moi.

LE COMTE.

Hâtons-nous, la voici.

(*Ils sortent par le côté opposé.*)

SCENE V.

ELISE, *avec un air de langueur.*

JUSTINE, laisse-moi, j'ai besoin d'être seule.

(*Élise s'assied, Justine sort, & fait un petit signe de pitié & d'intérêt ; Elise dit tout le couplet suivant avec le ton de l'enthousiasme.*)

Que cette retraite est charmante ! le silence des bois, le murmure des ruisseaux, tout ici me promet des jours paisibles & heureux ; je m'y livrerai sans distraction au charme irrésistible qui me transporte.... Divin Génie ! Sylphe enchanteur ! hélas ! je ne te vois que dans mes songes, ne paroîtra-tu point à mes yeux !

AIR.

Si, d'une ame brulante,
Tu partage l'ardeur,
Aux yeux de ton amante
Viens montrer son vainqueur;
Si ta flamme est la même
Consulte enfin ton cœur,
Ah! loin de ce qu'on aime,
Est-il quelque bonheur?

Pour prix de ma conftance
Abandonne les cieux,
L'amour & l'innocence
T'appellent dans ces lieux.

(*Après l'air, Elife retombe dans fa rêverie, & une voix dit les quatre vers fuivans.*)

Divine Élife ofez tout efpérer,
Vos vœux font entendus, votre amant vous adore ;
Mais hélas ! dans ces lieux encore
A vos regards il ne peut fe montrer.

ELISE, *hors d'elle-même, s'écrie :*

Ciel !

SCENE VI.

ELISE, JUSTINE.

JUSTINE, *accourant avec l'air de l'effroi.*

MADAME, Madame, qu'avez-vous donc?...

ELISE.

Ah ! Juſtine , tu ne connois pas mon bonheur !...

JUSTINE.

Si c'eſt du bonheur , tant mieux...... Mais encore. !...

ELISE.

Il vient de me répondre. Que ſa voix eſt touchante ! qu'elle eſt mélodieuſe !

JUSTINE.

De qui parlez-vous ?

ELISE.

De mon Sylphe.

JUSTINE, *en riant.*

De votre Sylphe !...

ELISE.

Oui , je viens de l'entendre , & tu es cauſe qu'il a diſparu.

JUSTINE.

Moi, Madame! oh! que non, je ne fais pas peur aux efprits: d'ailleurs, s'il eft connoiffeur, il doit refter pour vous admirer; jamais je ne vous vis fi charmante; ah! que l'amour d'un Sylphe donne de luftre à la beauté!

ELISE.

Il ne dit plus rien...., je fuis défolée.

JUSTINE.

Prenez votre harpe, chantez cette romance que vous avez compofée; je gage qu'il n'y réfiftera pas & qu'il vous répondra en dépit de toutes les Juftines du monde.

ELISE.

Hélas! j'en doute; cependant.....

JUSTINE.

Effayez.... (*Elle lui donne fa harpe.*)

ELISE.

Voyons. (*Elle chante.*)

ROMANCE.

Je vois revivre la Nature,
La fleur naît & s'épanouit,
L'oifeau chante, l'onde murmure,
Et quand près de moi tout jouit,

Loin de la douce préfence
De l'objet cher à mes defirs
Il n'eft aucune jouiffance,
Je ne connois que les foupirs.

Aux premiers traits de la lumiere
Je crois reconnoître fes traits,
Le foleil pourfuit fa carriere,
Je le cherche dans les forêts.
Ah! fans la douce préfence, &c.

Mon œil dans la nuit la plus fombre
Parmi le filence & la paix
Cherche dans des globes fans nombre
L'objet de mes tranfports fecrets.
Ah! fans la douce préfence, &c.

Il eft parti, j'en fuis défefpérée! Tu es venue
bien mal-à-propos.

JUSTINE.

Tenez, ma chere maîtreffe, il faut que je vous
parle avec fincérité : vous étiez fatiguée de la route,
vous vous êtes endormie, & vous avez rêvé tout
cela.

ELISE.

Tu m'impatiente ; quand je te dis. . . .

JUSTINE.

Que voulez-vous ? je n'ai pas les idées affez
déliées pour concevoir un ombre fans corps : moi,
pour être convaincue, il me faut des chofes pal-

pables, & puis d'ailleurs je ne vois pas quel fi grand charme eft attaché à l'amour qu'infpire un objet fans confiftance.

ELISE.

Que tu as peu de délicateffe !

JUSTINE.

Encore s'il étoit galant ! qu'il fût prévenir vos défirs, qu'il fe manifeftât enfin par quelque trace fenfible : c'eft bien la moindre chofe qu'un efprit....

(*Ici la table fur laquelle étoient les fleurs difpa-roît ; il en fort une autre de deffous le parquet, fur laquelle eft un écrain : il fort auffi un fau-teuil fur lequel on voit une robe qu'Elife ne voit pas d'abord.*)

Ahi !... ahi !... qu'eft-ce que c'eft que cela ? Je n'en puis plus douter.... Madame, voyez, voyez donc cette robe que vous trouvâtes fi jolie hier chez cette marchande.

ELISE, *à part.*

Ciel !... (*Haut, avec un air de triomphe con-tenu.*) Eh bien ! m'en croiras-tu à préfent ?

JUSTINE.

Si je vous crois ! mais c'eft au point que je fuis tentée d'avoir peur. Eh ! voyez donc cet écrain, ces chiffres ; ah ! les beaux diamans ! Cela me raffure cependant ; j'aime ce qui s'explique.

ELISE.

Réfifte fi tu peux à ce nouveau prodige.

JUSTINE.

Je vous jure, Madame, que je fuis très-perfuadée.

ELISE.

Cher Sylphe ! que les dons de ce qu'on aime font précieux !... Mais s'il alloit me croire intéreffée....

JUSTINE.

Quelle folie !

DUO.

ÉLISE, *tenant l'écrain.*

J'ai des fcrupules, mais Juftine ;
O ma Juftine, il eft charmant.

JUSTINE.

Oui, c'eft une main divine
Qui vous fait ce cadeau charmant.

ÉLISE.

Vois, fi les hommes font capables
D'un foin fi tendre & fi touchant.

JUSTINE.

Oh ! les hommes font déteftables,
Moi je les abhorre à préfent.

ENSEMBLE.

Les Sylphes font bien préférables.

ÉLISE.

D'une flamme célefte & pure
Je reffens la conftante ardeur ;
Oui je fens qu'ane ame s'épure
Par ce feu fi cher à mon cœur.

ENSEMBLE.

Aimer fans feinte,
Bruler fans crainte.

JUSTINE.

Aimer en paix.

ÉLISE.

Oui j'aime en paix.

ENSEMBLE.

Il eft doux de plaire & d'aimer
Quand on n'a point à rougir de fa flamme

L'objet qui regne fur $\left\{\begin{array}{l} \text{mon} \\ \text{votre} \end{array}\right\}$ ame

Eft feul digne de $\left\{\begin{array}{l} \text{me} \\ \text{vous} \end{array}\right\}$ charmer.

ÉLISE.

Non, je ne dois pas craindre qu'il me faffe l'injuftice de croire que fes préfens puiffent augmenter mon amour ; un génie , un être aërien doit pénétrer dans les plus fecrets replis de notre ame.

JUSTINE.

Je le penfe de même.

ÉLISE.

Oh ! ma Juftine ! quel bonheur qu'un amant
connoiffe

connoiſſe notre cœur, comme nous le connoiſſons nous même !

JUSTINE.

Quant à cela, Madame, c'eſt un avantage que généralement on ne vous enviera pas, & en tout, je penſe que vous aurez peu de rivales auprès de votre Sylphe. ... Mais j'entends quelqu'un.

ELISE, *avec impatience.*

Qui peut venir nous troubler?

SCENE VII.

Les Acteurs précédens, un VALET.

LE VALET.

MONSIEUR votre pere fait dire à Madame que M. le Marquis veut retourner à Paris tout de ſuite.

ELISE.

Quel eſt donc ce caprice? Il n'eſt venu que pour s'en retourner ?

JUSTINE.

Il s'eſt ſans doute apperçu que ſa préſence vous déplaît.

ELISE.

Pourquoi a-t-il la fantaiſie de prétendre à moi?

B

JUSTINE.

M. le Comte l'y autorife.

ELISE.

Et c'eſt ce qui m'afflige : mes refus lui font de la peine ; il eſt affreux de réſiſter à un ſi bon pere ; cependant je ne puis....

LE VALET.

M. le Comte prie Madame de vouloir bien l'engager à reſter.

ELISE.

L'engager ! en vérité cela eſt difficile.... Le retenir !... moi !... Allons, il fait plaiſir à mon pere, & je dois obéir.... Mais que tout ce qui n'eſt pas mon Sylphe me gêne, & me contrarie !... (*à Juſtine.*) Emporte ces préſens chez moi.

JUSTINE.

Voilà M. le Marquis.

ELISE.

Ah ! ciel !... que lui dire ?.. quelle contrainte ! Laiſſe-nous.

SCENE VIII.

ELISE, LE MARQUIS.

LE MARQUIS.

JE n'ai pas voulu partir fans avoir l'honneur de prendre congé de vous, Madame.

ELISE.

En vérité, Marquis, je ne conçois rien à ce départ ; vous étiez dans le deffein de refter, mon pere le défiroit, & vous y avoit engagé.

LE MARQUIS.

Oui fans doute; mais vous ?

ELISE.

Moi?...

LE MARQUIS.

Je ne fens que trop que ma préfence vous importune.

ELISE.

Quelle idée !...

LE MARQUIS.

Elle n'eft que trop jufte.

B 2

ELISE.

Les hommes exagerent tout.

LE MARQUIS.

Votre froideur, votre indifférence....

ELISE.

J'admire votre fexe : de quel droit prétendez-vous régler notre cœur fur les fantaifies du vôtre?

LE MARQUIS

Ainfi, l'amant le plus tendre eft pour vous un tyran, & la paffion la plus vive n'eft qu'une fantaifie.... Cruel Elife!....

ELISE.

N'en parlons plus, Marquis ; vous connoiffez mes fentimens, ils ne changeront jamais.... Mais fi vous faites cas de mon eftime, & de l'amitié de mon pere, vous refterez avec nous.

D U O.

LE MARQUIS.

L'amitié de votre pere,
Et votre eftime fincere,
Sont pour moi des biens précieux.

ÉLISE.

A l'amitié de mon pere,
A mon eftime fincere
Vous devez borner tous vos vœux.

ENSEMBLE.

LE MARQUIS.	ÉLISE.
C'eſt à votre cœur ou j'aſpire,	Calmez ce dangereux délire,
Non, non, rien ne pourra détruire	Perdez l'eſpoir de me ſéduire,
Un ſi parfait attachement.	J'abhorre juſqu'au nom d'A-mant.

> Daignez me plaindre ;   Je ne puis feindre
> Dieux! quel tourment.   Un ſeul moment.

Quoi! ce feu ſi charmant	Non, en vous eſtimant
Il faudra donc l'éteindre.	Je ne puis que vous plaindre.
Vos charmes divins chaque jour	Il faut travailler chaque jour
Augmentent mon amour....	A vaincre votre amour.
Je fuis loin de votre préſence,	Pourquoi me fuir
Et ma mort ſuivra cette ab-fence.	Et vous bannir.
Oui, c'eſt la mort que j'eſpere.	Non, vivez auprès de mon pere.

SCENE IX.

ELISE, LE COMTE, LE MARQUIS.

LE COMTE, à *Elise*.

Hé bien ! as-tu décidé le Marquis à rester ?

LE MARQUIS.

Non Monsieur, non sa tranquille bonté me met au désespoir ; il faut la fuir.

LE COMTE.

Il part, & tu ne le retiens point !... les amans font bien capricieux !

ELISE.

Bien impérieux, voilà le mot ; ils affectent d'aimer, promettent d'être soumis, & la moindre résistance les irrite : a-t-on le malheur de leur céder, qu'elle en est la récompense ?... Non, un cœur vraiment sensible ne doit rien avoir à démêler avec eux.

LE MARQUIS.

Ah ! si le mien vous étoit connu, vous le jugeriez différemment.

ELISE.

J'en doute.

LE MARQUIS.

Amoureux à l'excès!...

ELISE, *l'interrompant.*

De la nouveauté !

LE COMTE, *faisant un figne au Marquis.*

Brifons-là, & voyons ma nouvelle plantation, tu n'es pas venue à la campagne pour refter toujours dans ce cabinet.

ELISE, *appercevant Juftine qui lui fait des fignes.*

Je vous fuis.

SCENE X.

ELISE, JUSTINE.

JUSTINE, *accourant.*

IL m'a paru que Madame vouloit fe parer des dons de fon Sylphe.

ELISE.

Oui fans doute, je le veux, je le dois ; & je te ferai appeller auffi-tôt que j'aurai quitté mon pere.

B 4

JUSTINE.

Et M. le Marquis ?...

ELISE, *d'un ton équivoque.*

M. le Marquis !... ne m'en parle plus. (*Elle sort.*)

JUSTINE, *seule.*

Ne m'en parle plus !... Ah ! cela ne peut s'entendre.... Les femmes font toujours femmes, & ma maîtreffe a beau faire, le goût de la fpiritualité ne fauroit durer.... C'eft mon fyftême à moi, & c'eft le meilleur. (*Elle dit ces derniers mots en riant ; Hilaire entre.*)

SCENE XI.

JUSTINE, HILAIRE.

HILAIRE.

PARGUIENNE, m'amzelle Juſtine, vous êtes gaie comme un pinçon, çà me fait plaiſir, j'aimons les filles de bonne himeur.

JUSTINE.

Il eſt bien flateur pour moi de plaire à M. Hilaire.

HILAIRE.

Contais nous donc c'qui vous divartit; car vous autres gens d'la ville, vous ne riais pas pour peu d'choſes; jarni ! c'eſt la mer à boire pour vous égayer !

JUSTINE, d'un ton précieux.

Oui, nous autres gens d'eſprit, qui connoiſſons le néant des choſes, il nous faut de grands moyens, de grands reſſors pour nous réjouir.

HILAIRE.

J'le voyons ben; mais ſavez-vous que d'mon côté la tête me tourne; j'crois qu'tout l'monde ici eſt devenu fou. M. le Comte r'garde & rit; M. le Marquis va, viant, court, ſe démene, fait toujours

chut, & voudroit que le tout ſe paſſât ni plus ni moins
qu'une ſorcellerie : not'jeune dame, belle comme
une roſe, languit, qu'c'eſt piquié. Expliquais-nous
donc c'que tout ça veut dire, ça n'a pas la mine
d'une nôce.

JUSTINE.

Et qui veux-tu que l'on marie?

HILAIRE.

Nos deux biaux jeunes gens.

JUSTINE.

Allons donc.... nous n'aimons pas les mortels.

HILAIRE.

Je n'vous entendons pas.

JUSTINE.

Nous brûlons pour un Sylphe.

HILAIRE.

Un Sylphe! quoiqu'c'eſt que c't'animal-là? J'ons
vu à la ville, des Robins, des Comtes, des Marquis, des Abbés; s'roient-ils d' l'eſpece dont d'laquelle vous parlais?

JUSTINE.

Bauh !

HILAIRE.

Mais encore une fois, comment qu'c'eſt fait un
Sylphe?...

JUSTINE,

Comme perfonne : c'est un foufle, une vapeur,
un rien. ...

HILAIRE.

Comme qui diroit un efprit.

JUSTINE.

Juftement.

HILAIRE.

En ce cas-là, M. le Marquis peut aller fon train,
ce rival-là ne lui fera pas de mal.

AIR.

Je conçois bien qu'une femme
Prenne du goût pour un magot ;
Mais , ma foi , je crois que Madame
A choifi le plus mauvais lot.
C'eft une chofe étonnante
Que de bruler pour un efprit ,
Et fi Madame s'en contente ,
Çà s'appelle aimer à crédit.

Je fais bien que dans ma jeuneffe
Je brulois fans le vouloir ;
Plus d'une fille traitreffe
Tint mon cœur en fon pouvoir ;
Mais du moins dans fa détreffe ,
On peut toucher , on peut voir ,
Çà confole la tendreffe ,
Et nourrit toujours l'efpoir.

Je conçois bien , &c.

JUSTINE.

Fort bien ; il me paroît que tu aimes folidement.

HILAIRE.

J'en répondons, & j'croyons ben qu'mam'zelle Juftine eft d'notre avis. Mais je n'fommes pus fi étonné, que M. le Marquis s'cache, & ayons fait mine de partir ; c'eft pour mieux contrefaire l'efprit.

JUSTINE.

Sans doute.

UN VALET, à *Juftine*.

Madame veut s'habiller....

JUSTINE.

J'y vais.

HILAIRE.

Et j'nous en allons auffi, car j'avons encore d'la befogne.... Morguienne, qu'tout ça eft drole !

JUSTINE.

Tais-toi.

HILAIRE.

N'ayez pas peur... J'fuis moi comme un filence d'abord.... J'n'en r'venons pas ! qu'eulle imagination qu'un Sylphe !...

(*Ils fortent.*)

Fin du premier Acte.

ACTE II.

Le Théâtre repréfente un lieu que l'on voit avoir été très-fauvage ; mais que l'art s'eft efforcé d'embellir : on y voit beaucoup d'arbuftes à fleurs tels que des rofiers, des myrthes, des lilas, des chevre-feuils, &c. Le fond du Théâtre eft fermé par un bois taillis qui ne doit pas s'élever juf-qu'au ceintre. On voit fur la droite du fond, un grouppe de rochers mêlés d'arbuftes & de verdure.

SCENE PREMIERE.

LE MARQUIS, *feul.*

A I R.

SI ta main Dieu de la tendreffe
Doit flatter les fenfibles cœurs ;
Si tu protége leur adreffe ;
Qui, plus que moi mérite tes faveurs ;
En vain d'une chaîne de fleurs
Tu viens m'offrir l'apparence,

Je fuccombe à fes rigueurs ;
Doux efpoir foutiens ma conftance :
Puiffant amour !
Ah ! dans ce jour
Couronne une flamme fi pure ,
Détruis l'erreur
D'un jeune cœur ,
Et venge ton injure
En faifant mon bonheur.

SCENE II.

LE MARQUIS, DUBOIS.

DUBOIS.

MONSIEUR foupire , & il a raifon. .... Notre début n'eft pas heureux.

LE MARQUIS.

As-tu bien pris garde de n'être pas apperçu ?...

DUBOIS

Bah ! on nous croit déja bien loin , & il en faut convenir, c'eft fans beaucoup de regrets.

LE MARQUIS.

Avec quelle indifférence elle m'a laiffé partir !

DUBOIS.

L'épreuve n'eft pas flatteufe.

LE MARQUIS

Je m'y attendois, & je n'en ai pas été moins affligé ; mais cette feinte étoit nécessaire pour ne pas me rendre insuportable dans un instant où elle est toute préoccupée du prestige qui la transporte.

DUBOIS.

A propos, Monsieur, Hilaire qui se démene comme un enragé, auroit besoin de vous consulter.

LE MARQUIS.

J'y cours. Toi, prends bien garde d'écarter tous les importuns qui pourroient venir de ce côté, & ne manque pas de m'avertir lorsqu'il en sera temps.

DUBOIS.

Oui, Monsieur.

SCENE III.

DUBOIS, *seul.*

En attendant, prenons le frais, & puifque dans ce lieu tout ne refpire qu'amour; livrons-nous auffi à fa douce ivreffe, & chantons.

CHANSON.

Aux champs, à la Cour, à la Ville,
L'Amour établit domicile.
Dans la Cabane, ou chez les Rois,
Les cœurs font foumis à fes loix,
Un chacun veut aimer & plaire,
Mais chacun aime à fa maniere.

Damis, pour toucher fa Lucrece,
A grands frais prouve fa tendreffe,
Mais il prodigue en vain fon or,
Lucrece a préféré Lindor :
Damis aimait, il falloit plaire,
Que n'en trouvoit-il la maniere ?

Contre les hommes courroucée,
Et du mot d'amour offenfée;
Toujours Aminte en fon Printemps,
Se fâcha contre fes Amans :
Aminte aujourd'hui voudroit plaire,
Mais elle à perdu la maniere.

Pour

Pour moi, du cœur de ma Déeſſe,
J'ai ſu captiver la tendreſſe ;
Il eſt auſſi certains appas
Aux quels on ne réſiſte pas ,
Et quand on eſt taillé pour plaire
On eſt bien ſûr de ſa maniere.

Juſtine ! charmante Juſtine !... délicieuſe Juſtine !... objet ſenſible & palpable ! viens au ſe-
cours de Dubois.... Nous ſommes pourtant.uñ
peu brouillés ; elle eſt jalouſe comme un tigre...
C'eſt tout ſimple, un joli garçon..... La voici.
(*Il va au-devant d'elle.*) Mon ange , ma déeſſe...
je t'appellois, je t'attendois.

SCENE IV.

JUSTINE, DUBOIS.

JUSTINE.

Laissez-moi.

DUBOIS.

Quoi ! de l'humeur encore ! A qui diable en
as-tu ?

JUSTINE.

Vous croyez, Monſieur le drole, que je vous
pardonnerai cette fantaiſie pour Marton.

C

DUBOIS.

J'en appelle aux échos d'alentour : ils te diront, te répéteront que dans mes tendres rêveries je n'ai prononcé d'autre nom que celui de ma belle Juſtine.

JUSTINE.

Vous ne m'en ferez plus à croire, tous les hommes ſont des fripons.

DUBOIS.

Ah !

JUSTINE.

Des miſérables.

DUBOIS.

Oh!

JUSTINE.

Des pendars.

DUBOIS.

Ah ! ah !

JUSTINE, *avec volubilité.*

Des perfides, des volages, des ingrats, des méchans, des tyrans, des infames, des monſtres.

DUBOIS.

Tu vas ſuffoquer ; reſpire donc, mon enfant, auſſi bien n'en peux-tu dire davantage.

JUSTINE.

Ma maîtreſſe a raiſon, & je me voue aux Sylphes tout comme elle.

D u b o i s, *amoureusement.*

Friponne! tu n'es pas fille à te nourrir de fumée, & tu n'es venue ici que dans l'espérance de m'y trouver.

J u s t i n e.

Tu le crois!

D u b o i s.

J'en suis sûr.

J u s t i n e.

Et moi je te dis que je n'y suis que pour y faire le guet.... Il est vrai que je ne suis pas fâchée de t'y rencontrer.

D u b o i s, *voulant l'embrasser.*

Et tu vas me le payer.

J u s t i n e.

Finis donc, voici Hilaire.... Comme il a l'air réfléchi.

D u b o i s.

Le drole est rusé.... Il nous vendroit tous;

SCENE V.

Les Acteurs précédens, HILAIRE.

JUSTINE, *à Hilaire.*

TE voilà bien rêveur ?

HILAIRE.

C'eſt que j'ſommes tout ébahi de c'que j'voyons, & j'ons idée que M. le Marquis eſt pire qu'un ſorcier.

DUBOIS.

Tu l'es plus que lui.

JUSTINE.

Sans compter la fête qui eſt de ton invention.

HILAIRE.

C'eſt morgué vrai.... Il m'a bian donné queu-ques avis; mais ſans moi il n'auroit fait que de liau clair.... J'ons un eſtoc, un entendement....

DUBOIS.

Que tu ſais faire valoir.

HILAIRE.

C'eſt naturel. (*Il tire une bourſe.*) Et v'là des preuves de mon génie.... Mais j'n'aurois jamais cru qu'un Marquis pût s'échauffer comm'ça l'imagination en amour. Ces gens-là n'aimons pas comme nous autres, & ſtapendant ils frayent bian d's'amuſer à ça.... C'eſt drole.

JUSTINE.

Tu crois?

HILAIRE.

Et Madame la Marquiſe, qu'ils appellont Eliſe ; queue puiſſance !... j'n'en r'viens pas.

DUBOIS.

Comment ?

HILAIRE.

AIR.

Ah ! qu'une belle quand j'y ſonge,
Sait prendre d'empire ſur nous !
Voyez ce que je faiſons tous,
Pourquoi?.... pour la guérir d'un ſonge.

ENSEMBLE.

Ah ! qu'une belle quand j'y ſonge,
Sait prendre d'empire ſur { vous. nous. }

HILAIRE.

On eſt tremblant à ſes genoux,
On attend un regard plus doux,
On attend ſouvent un menſonge.

ENSEMBLE.

Ah ! qu'une belle, &c.

C 3

HILAIRE.

Mais, dois-je m'en plaindre?... Comment!
Quand l'amour vaut autant d'argent,
Eft-ce donc ainfi qu'on le fronde?
Oh! l'on doit dire affurément
Que le Dieu d'amour eft charmant,
Et qu'il fait le bonheur du monde.

ENSEMBLE.

Ah! qu'une belle, &c.

DUBOIS.

Tu ne ferois pas fâché que tout ceci continuât.

HILAIRE.

Non ventredié, c'eft une pluie d'or, &...

JUSTINE.

Paix.... J'ai entendue.... C'eft Elife.

HILAIRE.

Je m'fauve.

DUBOIS, à *Juftine*.

Sors par ici, moi par-là, & prenons garde que
perfonne n'avance.

SCENE VI.

ELISE, seule, & considérant la décoration avec un étonnement marqué, pendant la ritournelle.)

RÉCITATIF.

Où suis-je !.... Quelle est ma surprise !
Que ces lieux sont embellis !...
Ces rosiers, ces myrthes unis,
Semblent former ma dévise.
Approchons :
Ciel ! je vois les noms,
De Valoë, de son Élise,
Formés par les mains de l'Amour ;
Nos chiffres enlassés décorent ce séjour...
Sans doute, en ce joli Boccage
Mon Amant veut se montrer à mes yeux,
Ah ! je le préfére aux Cieux
S'il le destine à cet usage.

AIR.

Hélas ! d'un vain espoir
Je me flatte peut-être ;
Qui moi ! l'entendre & le voir ?
Suis-je digne de son être ?
Cher objet de mon ardeur !
Calme mon impatience,

C 4

Dans l'efpérance
De ce bonheur,
Mon cœur s'élance
Vers fon vainqueur.
Au fentiment livrons mon ame :
Heureufe flamme !
Momens charmans !

(*Fin.*)

Aimable ombrage,
Riant feuillage,
Soyez témoins de mes fermens,
» L'Amant dont la tendreffe extrême
» Me fait de tant de foins un hommage flatteur,
» Et qui de mon amour fait fon bonheur fuprême,
» Pour jamais regne fur mon cœur.
Oui, de l'objet que j'adore,
Tout me parle dans ces beaux lieux ;
Puiffe le feu qui me dévore
Pénétrer vers lui dans les Cieux.

Au fentiment, &c.

SCENE VII.

ELISE, LE MARQUIS, *caché jusqu'à la fin de la scene* ; CHŒUR DE NAYADES.

(*Le fond du Théatre s'ouvre, & laisse voir un Temple circulaire & transparent, situé au milieu d'une île. Le buste d'Elise est sur un Autel dans l'intérieur du Temple. Quatre Sylphes qui sont placés entre les colonnes s'animent & couronnent le buste de fleurs. On voit à gauche du Théatre une grosse touffe de roseaux, & sur la droite une petite coline composée de gazons & de rochers, au milieu desquelles on apperçoit une ouverture qui marque l'entrée d'une caverne. La coline & les roseaux sont sur la même île que le Temple ; & toute cette décoration est séparée d'Elise par un torrent qui traverse la Scene : après la premiere entrée des Sylphes les roseaux s'entrouvent, & l'on en voit sortir des Nayades.* (*)

CHŒUR DE NAYADES.

Au tendre Amour rendez hommage,
Il vous prépare ses bienfaits,

(*) Quelques personnes ont dit à l'Auteur, que l'ouver-

Qu'à votre tour il vous engage,
Ne redoutez jamais ſes traits ;
Au tendre Amour rendez hommage,
Il doit ſans ceſſe en comblant vos deſirs
Vous enchaîner par de nouveaux plaiſirs.

(*Une troupe de Gnomes ſort du ſein de la montagne, & ſe mêle
aux Sylphes & aux Nayades, pour danſer avec eux : à la
fin de la contredanſe, Eliſe tranſportée veut monter ſur un
rocher pour traverſer la riviere.*)

ÉLISE.

Ah ! je veux franchir cet eſpace....

LE CHŒUR, *inviſible.*

Craignez de le tenter.

ture du Bois taillis tiendroit trop de la Magie, & ſeroit une
invraiſſemblance dans cette Scene. L'Auteur répond ; que ce-
qui paroît un bois aux yeux d'Éliſe, n'eſt, dans le fait, qu'une
haie factice plantée dans des caiſſes, leſquelles ſont enfoncées
dans des encaiſſemens diſpoſés à cet effet, & roulent ſur
des cylindres mobiles par le même méchaniſme qui fait mou-
voir la machine à luſtrer les étoffes. Quant au Temple tranſ-
parent, ce n'eſt qu'un effet d'eau ; & tout le monde ſait
qu'avec des tubes de verre & des jets-d'eau, expoſés aux
rayons du Soleil, on obtient des effets d'optique très-agréables.
D'après cette explication, l'Auteur de l'Amant Sylphe ne
doit plus avoir à craindre que de n'être pas trouvé aſſez
Sorcier par ſes Lecteurs, ou Spectateurs.

ÉLISE.

Ciel!....

LE MARQUIS, *caché.*

Pour obtenir cette grace
Il faut la mériter.

ÉLISE.

Malheureufe!.... Que dois-je faire
Pour vous toucher,
Vous approcher ?

LE MARQUIS, *caché.*

Sachez me plaire
Par votre ardeur,
Et le deftin profpere
Avancera notre bonheur.

ÉLISE.

Ah! j'ai cru regner fur ton ame
Comme tu regne fur mon cœur !
Mais le tien dédaigne ma flamme;
Hélas! quelle eft ma douleur !

LE MARQUIS, *caché.*

Élife.... vous m'êtes chere,
Mais éloignez-vous de ces lieux
Si vous voulez me rendre heureux,
Refpectez le profond myftere,
Qui nous fépare tous les deux.

LE CHŒUR, *invisible.*

Respectez le profond myftere
Qui vous fépare tous les deux.

(Ici le fond du Théatre fe referme par le rapproche-
ment du bois taillis.)

Fin du fecond Acte.

ACTE III.

Le Théâtre représente l'extrémité d'un jardin ou d'un parc ; on voit un grand pavillon sur le devant de la scene, dont l'ouverture est en face du Public.

SCENE PREMIERE.

LE MARQUIS, JUSTINE.

LE MARQUIS.

AH ! Justine, elle étoit dans un ravissement que je ne puis t'exprimer.

JUSTINE.

Je le sais.... Elle étoit enchantée, & désolée.

LE MARQUIS.

Désolée ?...

JUSTINE.

Oui, d'avoir déplu à son Sylphe, qui lui a reproché l'excès de sa curiosité.

LE MARQUIS.

Je l'ai dû.... mais il ne tient qu'à toi de la
rassurer.

JUSTINE.

Hilaire y réussiroit mieux que moi.

LE MARQUIS.

Hilaire?...

JUSTINE.

Oui, vous lui avez insinué un ton de persuasion....

LE MARQUIS, *lui donnant une bourse.*

J'entends.

JUSTINE, *serrant l'argent.*

Et à moi aussi!... Ah! Monsieur, vous êtes
un homme unique ... tant d'ardeur, tant de soins,
& tout cela pour un objet dont on veut faire sa
femme!... Ah! vous réussirez....

LE MARQUIS.

Ah! Justine!...

A I R.

Quoi! je verrai ces yeux charmans
Se tourner vers moi sans contrainte!
Quoi! l'Amour éloignant la crainte
Viendroit remplir tous nos momens!...
   De mon ame trop éprise,
   Je n'ose écouter le transport;
   Être aimé de toi mon Élise
   C'est le premier bienfait du sort.

JUSTINE.

Écoutez un de nos secrets,
Qu'ici tout bas je vous confie :
Pour que femme jeune & jolie
Puisse douter de ses attraits,
Il faut qu'elle aime à la folie.
Quoique Madame dans les Cieux
Ait placé l'objet de ses feux,
Elle l'attaque avec nos armes,
Elle s'occupe de ses charmes,
Je la vois chaque soir
Auprès de son miroir
Consulter leur pouvoir.

LE MARQUIS.

Ah ! Justine, quel faible espoir.

JUSTINE.

Et moi, je conclus que Madame,
De même que toute autre femme,
Dès ce soir trouvera bien doux
De rencontrer dans un époux
Le Sylphe qui l'enflamme :
Ainsi, Monsieur, rassurez-vous.

DUO.

LE MARQUIS. { Quoi je verrai / Oui vous verrez } ces yeux charmans
JUSTINE, { Se tourner { vers moi / vers vous } sans contrainte....

&c. &c. &c. &c.

LE MARQUIS.

Ah! Juſtine! puiſſe-tu dire vrai.

JUSTINE.

Mais quand votre rôle d'Eſprit aura produit l'effet que vous en attendez; oubliez-le bien vîte.

LE MARQUIS.

Sois tranquille..... va rejoindre ta Maîtreſſe; diſ-ſipe ſes craintes, perſuade-lui de venir revoir ſon Sylphe.

JUSTINE, *montrant ſa bourſe.*

Vous venez de me rendre ſorciere comme vous; & je réponds de tout.

SCENE

SCENE II.

LE MARQUIS, LE COMTE, JUSTINE.

LE COMTE.

Hé bien, Marquis ! vous voilà dans les allarmes, l'inftant critique approche.

LE MARQUIS.

Si près de connoître mon fort.

LE COMTE.

AIR.

Je defire & je n'ofe croire
Qu'elle partage votre ardeur,
Mais fi vous réduifez fon cœur :
Ah ! Verfange ! quelle gloire !
Que cette victoire
Vous fera d'honneur.
Enflammer une coquette
Qui s'attend
Qu'un galant
Viendra lui conter fleurette ;
C'eft un triomphe d'un moment.
Mais enchaîner une belle,
Qui, par fentiment
Croit devoir être cruelle,
C'eft le chef-d'œuvre d'un Amant.
(*Le jour diminue.*)

D

LE MARQUIS.

Plus vous me faites connoître la valeur du prix où j'aspire, plus vous affoiblissez l'espérance que j'ai de l'obtenir.

LE COMTE.

Allons, allons, du courage, le temps presse, allons prendre nos postes.

DUBOIS, *traversant la scene en courant.*

Eh ! vîte, eh ! vîte, sauvez-vous, Madame arrive !

SCENE III.

ELISE, *d'abord feule, dans la nuit ;*
LE MARQUIS, *enfuite.*

ELISE.

CHAQUE inftant ajoute à mon impatience.....
l'amour le plus tendre, la flamme la plus pure.....
n'eft donc pas la félicité!.... Valoé, cher Sylphe,
Les prodiges ne font rien pour moi.... c'eft toi!
toi feul que je defire, & tu te refufe à mes vœux !

(Une mufique aërienne fe fait entendre, le pavillon
paroît éclairé en dedans, les portes s'en ouvrent
d'elles-mêmes à l'approche d'Élife, & laiffent voir
une glace dans le fond du cabinet en face des
Spectateurs. Le portrait d'Élife s'y montre par
degrés ; elle y eft peinte en Nymphe, portée fur
des nuages & entourrée de Génies. Le Marquis
eft caché par un rideau de gaze peinte, placé fur
une confole au-deffous de la glace, & ce rideau
paroît aux yeux des Spectateurs comme la partie
tombante d'un tapis placé fur la confole. Élife
entre dans le pavillon, & tombe de furprife fur
un fiége en appercevant fon portrait qui fe montre
dans la glace. Alors on entend la voix du Sylphe.

D 2

RÉCITATIF.

LE MARQUIS, *caché.*

Élise!.....

ÉLISE.

Je l'entends..... Dieux! quelle eft mon ivreffe!

LE MARQUIS.

Modérez un tranfport fi doux.

ÉLISE.

Eh! qui pourroit encor allarmer ma tendreffe,
Qu'ai-je à redouter près de vous?

AIR.

LE MARQUIS.

Ah! ce n'eft pas ma flamme
Qui doit vous allarmer,
Je ne fens dans mon ame
Que le defir d'aimer,
Par un charme fuprême
Vous regnez fur mon cœur,
Mais dans ce moment même
Je crains pour mon bonheur.

ÉLISE.

Ah! n'allarmez pas vôtre Amante,
Ne détruifez pas mon efpoir;
Pourriez-vous tromper mon attente,
Faut-il renoncer à vous voir!

RÉCITATIF.

LE MARQUIS.

Le destin me permet de paroître à vos yeux ,
Mais je ne puis jouir de ce bonheur suprême
Qu'en remplaçant , en ces lieux ,
Le mortel qui pour vous sent une ardeur extrême.

ÉLISE.

O Surprise ! ô malheur extrême !

LE MARQUIS.

Je sais que Versange est haï ?....

ÉLISE.

Haï !.... non.... mon cœur l'eut choisi
Si l'ardeur d'un mortel eut pu toucher mon ame.

(*Ici le rideau s'enleve , le tableau disparoît , & le Marquis se trouve aux pieds d'Élise.*)

LE MARQUIS.

Quel moment heureux pour ma flamme ,
Élise achevez mon bonheur ,
Le Sylphe & l'Amant n'ont qu'une ame ,
Formons l'himen le plus flatteur.

ÉLISE.

Qu'ai-je entendu ! Ciel quel langage ,
Est-ce mon Sylphe qui m'outrage ?....

LE MARQUIS.

Calmez-vous , je vous adore ,
Je vous implore ;
Ah ! partagez mon ardeur.

ÉLISE.

Fuyez loin de mes yeux.

LE MARQUIS.

Quel courroux!

ÉLISE.

Quel malheur !

LE MARQUIS.

Je vois finir mon fort....

ÉLISE.

Ciel!

LE MARQUIS.

Adieu fans retour.

Adieu.... donnez au moins des larmes
Au fouvenir de mon amour.

ÉLISE.

Hélas !

LE MARQUIS.

Devenu mortel pour vos charmes,
Je perds & les cieux & le jour.

ÉLISE.

Arrêtez , voyez mes allarmes.

LE MARQUIS.

Adieu....

ÉLISE.

Nou, non.

LE MARQUIS.

Songez que pour vos charmes,
Je perds & les cieux & le jour.

ÉLISE.

Non, non, je cede à tant d'amour.

LE MARQUIS.

O bonheur suprême !

Mon Élise m'aime.

Je n'ai plus rien à redouter.

ÉLISE.

Je n'ai plus rien à souhaiter.

LE MARQUIS.

Oui, le vrai bien, le bien suprême,
C'est d'être aimé de ce qu'on aime.

ÉLISE. { Non cher Amant, } non, non, mon cœur.
LE MARQUIS. { Dieux ! quel moment, }

Ne peut suffire à mon bonheur.

ÉLISE.

Pour Versange, quelle surprise
Quand il saura que sous ses traits,
Et pour jamais
Un Sylphe a triomphé d'Élise !

SCENE IV.

ELISE, LE MARQUIS, LE COMTE.

LE COMTE.

QUELLE douceur
Pour un pere qui t'aime,
De voir que ce Sylphe enchanteur
Eſt Verſange , Verſange même !

ÉLISE.

Verſange !

LE MARQUIS.

Pardonnez....

LE COMTE.

Couronne ſon ardeur.

ÉLISE.

Et cet aveu que je craignois de faire
Vous avez ſu me l'arracher !

LE MARQUIS.

Élife !....

ÉLISE.

Puis-je m'en fâcher
Puiſqu'il ajoute au bonheur de mon pere.

LE MARQUIS.

Vous pardonnez.

ÉLISE.

Oui, oui.

LE COMTE, *à la cantonade.*

Venez, venez.

LE MARQUIS.

O bonheur suprême,
Mon Élise m'aime,
Je n'ai plus rien à redouter.

ÉLISE.

Je n'ai plus rien à souhaiter.

LE MARQUIS.

Oui, le vrai bien, le bien suprême,
C'est d'être aimé de ce qu'on aime.

ÉLISE. { Non, cher Amant, } non, non, mon cœur,
LE MARQUIS. { Dieux! quel moment, }

Ne peut suffire à mon bonheur.

SCENE V.

Les Acteurs précédens, JUSTINE, DUBOIS, HILAIRE.

(Ici le jardin paroît éclairé par une illumination.)

LE COMTE.

O jour heureux pour la tendreſſe !
Ce moment comble tous nos vœux.

ÉLISE.

Quoi des témoins de ma faibleſſe ?

LE MARQUIS.

Oui, des témoins de ma tendreſſe.

LE COMTE & LE MARQUIS.

Venez, venez lui garantir $\begin{Bmatrix} ses \\ mes \end{Bmatrix}$ feux.

CHŒUR.

L'Amour triomphe & $\begin{Bmatrix} nous \\ vous \end{Bmatrix}$ couronne ,

Qu'il regne à jamais ſur $\begin{Bmatrix} nos \\ vos \end{Bmatrix}$ cœurs.

Toujours les peines qu'il nous donne
Sont l'annonce de ſes faveurs.

HILAIRE.

Madame eſt contente ?... C'eſt moi qui ai tout fait.

JUSTINE.

Madame a trouvé la robe de fon goût ? c'eft moi qui l'ai achetée.

DUBOIS.

Madame s'eft parée des diamans ? C'eft moi qui les ai apportés.

ELISE.

Je fais tout ce que je vous dois.

DUBOIS.

Juftine eft ma Sylphide.

JUSTINE.

Il a raifon.

LE MARQUIS.

Je me charge de la dot.

LE COMTE.

Et tout le monde fera récompenfé.

CHŒUR.

Chantons l'Amour, célébrons fa Féerie,
Chantons fa gloire tour à tour ;
Tout cede à fa douce magie,
Il charme les maux de la vie,
Tout eft poffible à l'Amour.

LE MARQUIS.

Ce Dieu, par d'heureux preftiges,
Vient d'affurer mon bonheur,
Il inventa les prodiges
Qu'exécuta mon ardeur,

Trop payé de mon adreſſe
Par le plus tendre retour,
Je répéterai ſans ceſſe,
Tout eſt poſſible à l'Amour.

CHŒUR.

Tout eſt poſſible à l'Amour.

ÉLISE, *au Marquis.*

Une illuſion cruelle,
Longtemps fit votre malheur ;
A vos vœux mon cœur rebelle,
Ne vous vit qu'avec frayeur ;
Mais le plus adroit menſonge
Me fait chanter à mon tour ;
Mon erreur ne fut qu'un ſonge,
Tout eſt poſſible à l'Amour.

CHŒUR.

Tout eſt poſſible à l'Amour.

(Le Ballet eſt compoſé, des Payſans, des jeunes filles du Village, des domeſtiques du Château, & de ceux qui ont repréſenté les Sylphes, les Nayades, & les Gnomes au ſecond Acte.

FIN.

www.ingramcontent.com/pod-product-compliance
Lightning Source LLC
LaVergne TN
LVHW050302090426
835511LV00039B/969